JN345683

머리가 확 좋아지는 한국사 숨은그림찾기

HR기획 글 김세영 외 그림

차 례

등장인물	6
푸키와 문화재 지킴이 삼총사	7

선사 시대로 출발!

푸키! 고인돌에 낙서하면 안 돼!	8
반달 모양 돌칼이 없어졌어!	10
선사 시대가 뭐예요?	12
청동기 시대의 무덤은?	13
우리나라 최초의 국가는 누가 세운 무엇?	14
다른 그림 찾기	16

고구려가 한강에 기념비를 세웠대!

푸키, 충주 고구려비에 장난치면 안 돼!	18
삼국 시대가 있었다고요?	20
고구려는 누가 세웠어요?	21
현재 우리나라에 있는 유일한 고구려비는?	22
다른 그림 찾기	24

백제가 세워지다!

푸키를 찾아 몽촌토성을 돌아요!	26
삼국 중 두 번째로 탄생한 나라는?	28
백제는 누가 세웠어요?	29
야산의 지형을 살려 쌓은 백제 초기의 토성은?	30
다른 그림 찾기	32

백제, 웅진과 사비 시대 유적을 찾아서

무령왕릉 앞에서 심술 난 푸키!	34
궁남지 연꽃 축제에서 무슨 일이?	36
백제가 위례성을 버리고 수도로 삼은 곳은?	38
백제가 웅진을 버리고 수도로 삼은 곳은?	39
많은 유물이 나온 백제 왕릉 이름은?	40
부여에 있는 백제 시대의 인공 연못은?	41
다른 그림 찾기	42

경주에서 신라를 만나다!

도시 전체가 박물관이라고?	44

푸키, 첨성대와 분황사 모전석탑 중 어디에?	46
삼국 중 마지막으로 탄생한 나라는?	48
신라는 누가 세웠어요?	49
첨성대가 뭐예요?	50
가장 오래된 신라의 석탑은?	51
다른 그림 찾기	52

통일 신라 시대의 위대한 건축물

푸키, 불국사에서 스님이 됐다고?	54
석굴암에서 사진 찍지 마세요!	56
김대성이 지은 통일 신라 시대 절은?	58
불국사 대웅전 앞뜰에 있는 두 개의 석탑은?	59
통일 신라 시대 김대성이 만든 석굴 사원은?	60
석굴암 주실에 있는 돌 조각상의 이름은?	61
다른 그림 찾기	62

고려 시대, 팔만대장경의 놀라운 비밀

팔만대장경을 찾아라	64
후삼국을 통일한 나라는?	66
고려를 세운 사람은 누구?	67
부처의 힘으로 거란을 물리치고자 새긴 것은?	68
팔만대장경을 보관하고 있는 곳은?	69
다른 그림 찾기	70

조선 시대 궁궐 속으로!

푸키, 경복궁에서 왕이 되다!	72
푸키가 종묘 제례를 지낸다고?	74
고려가 멸망하고 탄생한 나라는?	76
조선을 세운 사람과 도읍지 이름은?	77
조선을 대표하는 궁궐은?	78
종묘에서 제사 지내는 것을 무엇이라고 할까?	79
다른 그림 찾기	80

세종 대왕과 위대한 발명품들

푸키가 훈민정음을 읽어요!	82
물시계의 종소리를 들어요!	84
우리글 훈민정음을 창제하고 장영실에게 여러 가지 과학 기구를 발명하게 한 사람은?	86

끝날 때까지 끝난 게 아니야	88
정답	89

등장인물

안녕~, 난 **푸키**야.
영국에서 왔어. 난 한국에 관심이
많아. 한국 드라마도 좋아하고 케이 팝도
사랑하지! 그래서 한국어도 좀 할 수
있어. 나를 보고 장난꾸러기라고
하는데, 난 그냥 보통 아이야!
호기심이 좀 지나칠 뿐이지!

나는 **해리**야.
문화재에 관심이 많아.
아빠랑 문화유산 답사를
자주 다니곤 해. 답사 동아리
친구들 중에서 특히 문화재를
아끼고 사랑하는 우주, 송이와
'문화재 지킴이 삼총사'를
결성했어. 우리의 활약을
지켜봐 줘!

나는 **송이**야!
문화재 지킴이 삼총사 중
유일한 여자지! 난 우리 문화재가
정말 좋아! 얼마나 예쁘고 멋진지
몰라! 그래서 항상 사진기를 갖고
다니며 찍길 좋아해!

난 **우주**라고 해!
남들은 나보고 어수룩하고
산만하다고 하지. 하지만
말야, 문화재에 대한 관심은
누구보다 크다고, 에헴! 내가
해리를 도와 어떻게 푸키를
막는지 기대해도 좋아!

푸키와 문화재 지킴이 삼총사

"하이~, 해리!"
"하이, 푸키!"
영국에서 푸키가 놀러왔어. 푸키는 해리의 집을 천천히 둘러보았지. 그때 벽에 걸린 사진들이 눈에 띄었어.
해리는 자랑스럽게 말했어.
"아빠랑 문화유산 답사를 다니며 찍은 거야. 멋지지?"
"와, 멋지다! 나도 구경시켜 줘!"
"어? 그, 그게……."
해리는 작년 여름, 런던에 갔을 때 일이 생각나서 선뜻 대답하지 못했어.
해리는 한국에서 아빠와 함께 일했던 브레드 아저씨의 초청으로 런던엘 갔어. 아저씨에게는 아들이 하나 있는데, 바로 '푸키'야. 해리와 동갑인 푸키는 엄청난 장난꾸러기였지. 벽난로 굴뚝에 오르다가 중간에 끼어 응급 구조원을 부르지를 않나, 고양이를 잡겠다고 지붕 위에 올라가지를 않나……. 정말 대책 없는 말썽꾸러기였어.
'문화재 구경을 시켜 달라고? 안 돼. 말썽꾸러기가 문화재에 무슨 짓이라도 하면 어떡해?'

해리는 고개를 저었어.
"푸키, 문화재 구경은 다음에 하고, 우리 놀이공원에 가자!"
"칫!"
푸키는 단념한 듯 말했어.
하지만 다음 날 아침 잠에서 깬 해리는 깜짝 놀랐어. 글쎄 푸키가 사라진 거야! 지도 한 장과 벽에 있던 답사 사진을 몽땅 들고!
놀란 해리는 '문화재 지킴이 삼총사'인 우주와 송이를 불렀어. 그리고 즉시 푸키를 찾아 떠나기로 했지.
"해리야, 푸키를 어떻게 찾지?"
송이가 묻자 해리가 말했어.
"걱정 마, 선사 시대부터 조선 시대까지 차례로 사진에 번호를 적어 놓았어. 분명 푸키는 그 사진 순서대로 이동할 거야. 기억을 살려서 찾아보면 돼."
"그래? 좋아, 그럼 빨리 가자! 우리 문화재는 우리가 지킨다!"
우주가 주먹을 불끈 쥐며 소리쳤어.
그러자 송이도 큰 소리로 외쳤어.
"문화재 지킴이 삼총사! 첫 번째 문화재를 지키러 출발~!"

선사 시대로 출발!
푸키! 고인돌에 낙서하면 안 돼!

 푸키가 가져간 첫 번째 사진은 고인돌이야.
앗! 푸키가 고인돌에 낙서를 할지도 몰라.

 넓은 고인돌 유적지에서 어떻게 푸키를 찾지?

 단서는 사진 속에 있어! '탁자식 고인돌'을 찾으면 푸키를 쉽게 찾을 거야!

 좋아, 빨리 찾아보자. 얘들아, 흩어져~!

숨은 그림 찾기

반달 모양 돌칼이 없어졌어!

 푸키가 '반달 모양 돌칼을 찾아봐!'라는 메모를 남겼어!

 반달 모양 돌칼? 고인돌에서 발견된 유물?

 응, 박물관에서 몰래 들고 나간 모양이야. 내 이럴 줄 알았어. 푸키는 정말 못 말린다니까!

 체험 마을의 '움집' 어딘가에 있을 거야. 어서 가자!

숨은 그림 찾기

  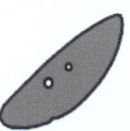    

다음 사진은 충주 고구려비야. 충주 고구려 역사관으로 출발~!

선사 시대가 뭐예요?

요리조리 사다리를 타서 선사 시대 구분과 그에 따른 특징을 알아볼까요?

중요 역사 다지기 선사 시대

인간이 처음 나타난 때로부터 글자가 만들어져 역사를 기록하기 시작한 바로 전까지의 시대를 선사 시대라고 해요. 선사 시대는 무리지어 이동하며 동굴에서 산 구석기, 해안가에 움집을 짓고 정착하여 농사를 짓기 시작한 신석기, 청동으로 도구를 만들어 쓴 청동기, 철로 도구를 만들어 쓴 철기 시대로 나뉘어요.

청동기 시대의 무덤은?

꼬불꼬불 미로를 탈출하여 청동기 시대의 무덤은 무엇인지 알아보세요.

중요 역사 다지기   고인돌

고인돌은 청동기 시대의 무덤이에요. 서너 개의 큰 돌을 둘러 세우고 그 위에 한 개의 크고 넓은 덮개돌을 얹었는데, 돌의 크기로 지배자의 권력을 보여 주었어요. 고인돌은 탁자식, 바둑판식, 뚜껑돌식으로 종류도 다양해요. 세계 문화유산으로 지정된 전라도 고창은 우리나라 최대의 고인돌 유적지예요.

우리나라 최초의 국가는 누가 세운 무엇?

중요 역사 다지기

우리 민족의 시조

환인(하늘을 다스리는 신)의 아들 환웅이 태백산에 내려와 신시를 열었어요. 그때 곰과 호랑이가 환웅을 찾아와 사람이 되길 원해서 동굴에서 쑥과 마늘만 먹으며 100일을 견디라고 했어요. 호랑이는 중간에 포기했지만, 곰은 100일을 견뎌 사람(웅녀)이 되었어요. 웅녀는 환웅과 결혼하여 아들 단군 왕검을 낳았어요.

미로를 탈출하여 우리나라 최초의 국가 이름과 세운 사람을 알아보세요.

중요 역사 다지기 **고조선 건국**

우리가 사는 한반도에는 청동기 시대에 이르러 최초의 국가가 세워졌어요. 바로 고조선이에요. 고조선은 기원전 2333년에 단군 왕검이 아사달(지금의 평양 부근의 백악산 또는 황해도 구월산)을 도읍으로 하여 세웠어요. 중국의 요동과 한반도 서북부 지역에 위치했으며, 기원전 108년에 중국 한나라에 멸망하였어요.

다른 그림 찾기! 불을 피우는 원시인

그림을 잘 보고 다른 그림 하나를 찾아 크게 ○를 해 보세요.

고구려가 한강에 기념비를 세웠대!
푸키, 충주 고구려비에 장난치면 안 돼!

 흥! 푸키, 이번에는 아무 짓도 못할 거야!
얘들아, 마음 좀 진정시키고 찾아보자.

 그래, 충주 고구려비는 전시관 안에 있으니까!

 가까이 갈 수도 없게 되어 있잖아!
만질 수도 없으니까 정말 다행이야.

 으흠, 그렇다고 푸키가 가만히 있을까?

숨은 그림 찾기

다음은 몽촌토성으로 출발~!

삼국 시대가 있었다고요?

요리조리 사다리를 타서 한반도에 있었던 우리나라를 만나 보세요

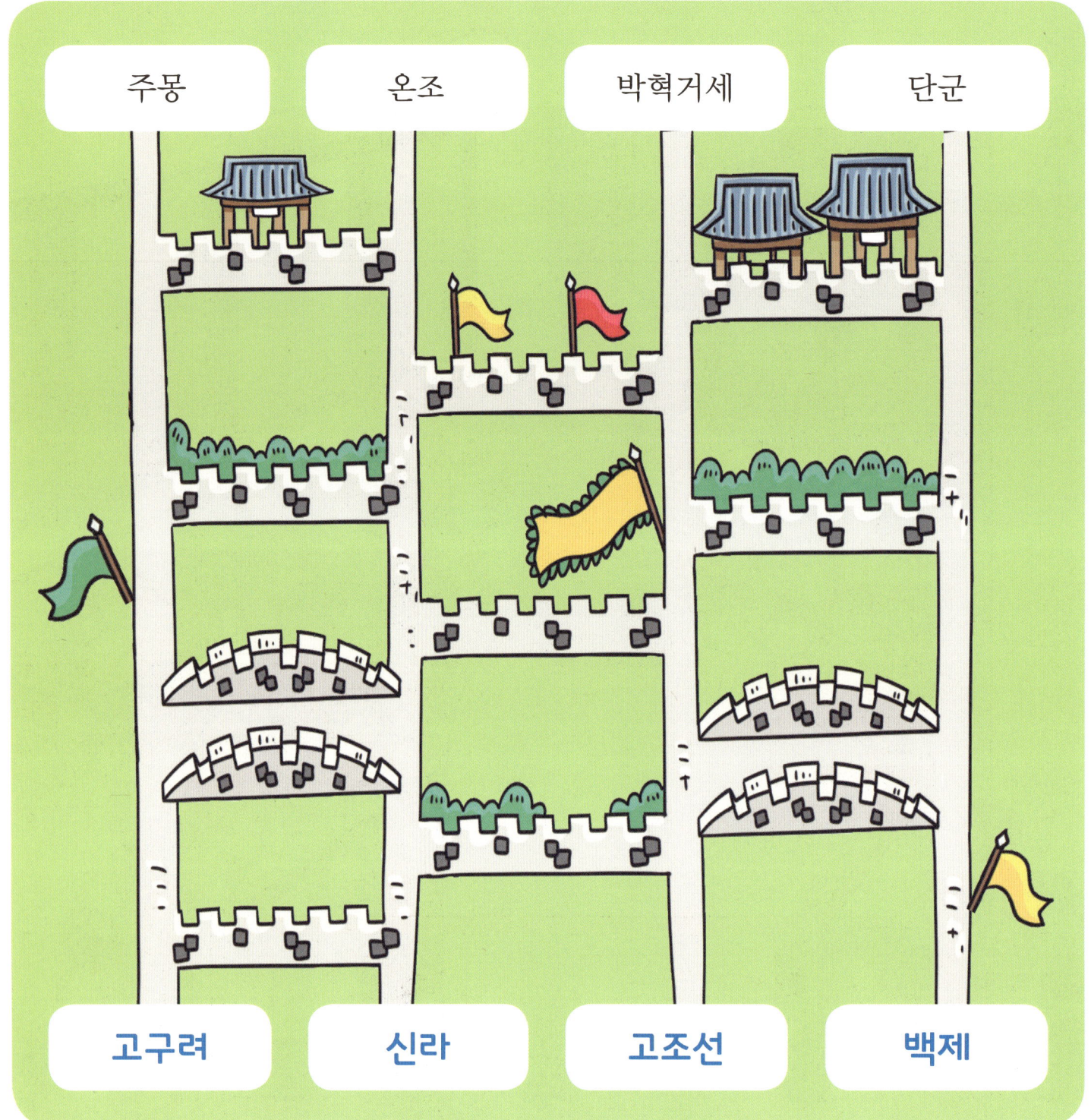

중요 역사 다지기 **삼국 시대**

고조선 이후 한반도에는 크고 작은 부족 국가들이 있었어요. 이들이 정리되고 고구려, 백제, 신라 세 나라만이 발전한 때를 삼국 시대라고 해요. 세 나라 모두 철기가 보급되어 농사가 발달했고, 왕을 중심으로 각각의 문화를 발전시켰어요. 이후 신라가 고구려와 백제를 무너뜨려 삼국을 하나로 통일했어요.

고구려는 누가 세웠어요?

꼬불꼬불 미로를 탈출하여 고구려를 세운 사람을 만나 볼까요?

중요 역사 다지기 　고구려 건국과 시조

고구려는 삼국 중 가장 먼저 세워진 나라예요. 알에서 태어난 주몽(동명 성왕)이 졸본을 도읍으로 하여 세웠어요. 그 후 압록강 근처 국내성으로 도읍지를 옮기고 주변 나라를 정복해 나갔어요. 광개토 대왕 때 만주, 중국 요동, 연해주 및 한강까지 영토를 크게 넓혔어요. 신라와 당나라의 연합군에게 멸망했어요.

현재 우리나라에 있는 유일한 고구려비는?

중요 역사 다지기 **충주 고구려비**

지금 우리나라에 남아 있는 유일한 고구려비예요. 돌기둥 모양의 화강암 4면에 글을 새겨 넣었어요. '고려 대왕'이란 글자와 '전부대사자', '제위', '사자' 등의 고구려 관직 이름, '신라 백성을 죽령 이남으로 돌려보낸다.'는 내용과 함께 '동이', '매금' 등 고구려가 신라를 지칭했던 글자들로 미루어 고구려의 비임을 미로를 탈출하여 지금 우리나라에 남아 있는 유일한 고구려비를 만나 보세요.

바로 충주 고구려비!

도착

알 수 있어요. 충주 고구려비는 북방 정책을 실시한 광개토 대왕과 달리 남진 정책을 실시한 장수왕이 한반도 중부까지 영토를 확장하고 세운 비석이에요. 즉 고구려의 남쪽 경계선을 표시한 비석으로, 충주까지 고구려의 땅이었음을 알 수 있는 귀중한 유물이에요.

다른 그림 찾기! 송이를 찾아라

그림을 잘 보고 다른 그림 하나를 찾아 크게 ○를 해 보세요.

백제가 세워지다!

푸키를 찾아 몽촌토성을 돌아요!

 헉헉, 좀 전에 세 발 토기가 없어졌다는 역사관 안내 방송이 있었어. 분명 푸키가 한 짓일 거야!

 힘들다. 이 넓은 몽촌토성에서 어떻게 찾아?

 힘들다고? 갑자기 웬 나약한 모습? 앗, 저기 봐! 푸키가 호돌이 열차를 탔어!

 뭐, 정말? 얘들아, 빨리 달려~~!

숨은 그림 찾기

 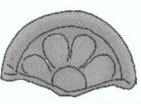     

다음은 무령왕릉~! 대박~ 크다!

삼국 중 두 번째로 탄생한 나라는?

꼬불꼬불 미로를 탈출하여 고구려 다음에 세워진 나라를 만나 보세요.

중요 역사 다지기 백제 건국

백제는 고구려가 탄생한 이후 한반도 서남부에 세워진 나라예요. 한강 유역을 중심으로 발전하여 고이왕 때 고대 국가로 발전했어요. 특히 일본에 도기, 한학, 논어와 천자문, 역법, 지리, 천문, 불교 등을 전해 주어 일본 고대 문화 발전에 큰 영향을 끼쳤어요. 의자왕 때 신라와 당나라 연합군에게 멸망했어요.

백제는 누가 세웠어요?

꼬불꼬불 미로를 탈출하여 백제를 세운 사람을 만나 보세요.

중요 역사 다지기 **백제의 시조**

고구려를 세운 동명 성왕에게는 동부여에서 낳은 아들 유리와 졸본에서 얻은 온조와 비류가 있었어요. 어느 날, 유리가 아버지를 찾아 졸본으로 오자, 온조는 자신을 따르는 무리를 이끌고 남쪽으로 내려와 위례성(지금의 하남)에 나라를 세웠어요. 처음에는 나라 이름을 '십제'라 했다가 뒤에 '백제'로 고쳤어요.

야산의 지형을 살려 쌓은 백제 초기의 토성은?

중요 역사 다지기 **몽촌토성**

야산의 지형을 살려 쌓은 백제 초기의 토성. 구릉이 낮거나 끊긴 부분에만 점토를 올려 쌓았고, 성 밖으로 경사를 만들어 물이 흐르도록 못을 만들었어요. 북쪽은 이중으로 성을 쌓고 나무 울타리를 세웠어요. 성벽 안쪽 네 지점에는 망루로 쓸 토단을 마련했어요. 토성의 둘레는 2.7킬로미터, 높이는 6~7미터.

미로를 탈출하여 백제 초기의 토성을 만나 보세요.

중요 역사 다지기 몽촌 역사관

몽촌토성에서는 움집터와 지하 저장굴 흔적, 수백 점의 철기 유물과 토기가 발굴되었어요. 특히 '세 발 토기'라는 독특한 모양의 토기와 중국에서 건너온 동전 무늬 토기도 발견되었지요. 몽촌토성에서 발견된 유물은 백제 시대 한강 유역의 유적 및 유물을 모아 전시한 몽촌 역사관에 전시하고 있어요.

다른 그림 찾기! 전쟁이 한창인 삼국 시대

삼국 시대 때의 어느 전쟁터입니다. 오른쪽 그림에서 서로 다른 곳을 10군데 찾아보세요.

백제, 웅진과 사비 시대 유적을 찾아서
무령왕릉 앞에서 심술 난 푸키!

 얘들아, 천천히 가도 돼! 이제 무령왕릉이니까. 무령왕릉은 들어가지 못하도록 막아 놓았잖아!

 호호호, 가까이 갈 수도 없게 되어 있어!

 그렇지만 지난번처럼 전시관에서 유물을 들고 나오면 어떡해?

 으악! 그럴 수도 있어. 빨리 푸키를 찾아보자!

숨은 그림 찾기

이제 나는 궁남지로 뱃놀이 간다이잉~~!

궁남지 연꽃 축제에서 무슨 일이?

 헉헉, 간신히 푸키의 심술을 막았어.
해리야, 이제 어디로 가야 해?

 궁남지! 다음 사진은 궁남지야.

 궁남지는 지금 연꽃 축제가 한창일걸?
진짜 아름다울 거야. 내가 좋아하는 곳이야.

 황포 돛배를 탈 수도 있어! 얼른 가 보자!

숨은 그림 찾기

으악! 다음은 경주야! 경주는 도시 전체가 유적지인데, 어떻게 찾지?

백제가 위례성을 버리고 수도로 삼은 곳은?

꼬불꼬불 미로를 탈출하여 백제가 위례성 다음으로 수도로 삼은 곳을 알아보세요.

중요 역사 다지기 **웅진 시대**

고구려의 침략으로 위례성에서 밀려난 백제는 수도를 웅진(지금의 공주)으로 옮겼어요. 이전 시대를 한성 시대라 하고, 웅진으로 옮긴 이후를 웅진 시대라고 해요. 동성왕과 무령왕 때에 다시 강해진 백제는 고구려군을 물리치고 영토를 확장했어요. 또 농업 생산력을 높이고 지방 통제력을 강화하여 왕권을 신장했어요.

백제가 웅진을 버리고 수도로 삼은 곳은?

꼬불꼬불 미로를 탈출하여 백제가 웅진 다음에 수도로 삼은 곳을 알아보세요.

중요 역사 다지기 — 사비 시대

동성왕과 무령왕이 나라를 안정시키자 성왕은 백제의 중흥과 왕권 강화의 목적으로 수도를 사비(지금의 부여)로 옮겼어요. 사비 시대 때 백제는 화려한 문화를 꽃피웠고, 이를 일본에 전해 주기도 했어요. 하지만 다시 부강해지려는 노력이 실패하면서 의자왕 때에 이르러 신라와 당나라 연합군에 멸망했어요.

많은 유물이 나온 백제 왕릉 이름은?

몇 번 사다리를 타야 공주에 있는 백제 왕릉의 이름을 알 수 있을까요?

중요 역사 다지기 무령왕릉

백제 무령왕과 왕비의 벽돌무덤이에요. 무덤 안에서는 무령왕과 왕비의 무덤임을 알리는 묘지석과 왕과 왕비의 금관과 금목걸이, 금귀고리 등의 장신구와 그릇……. 등 108종 2,906점의 유물이 나왔어요. 백제 문화의 진수를 보여 주는 귀중한 문화재들로 국립 공주 박물관에 전시되어 있어요.

부여에 있는 백제 시대의 인공 연못은?

몇 번 사다리를 타야 부여에 있는 백제의 인공 연못 이름을 알 수 있을까요?

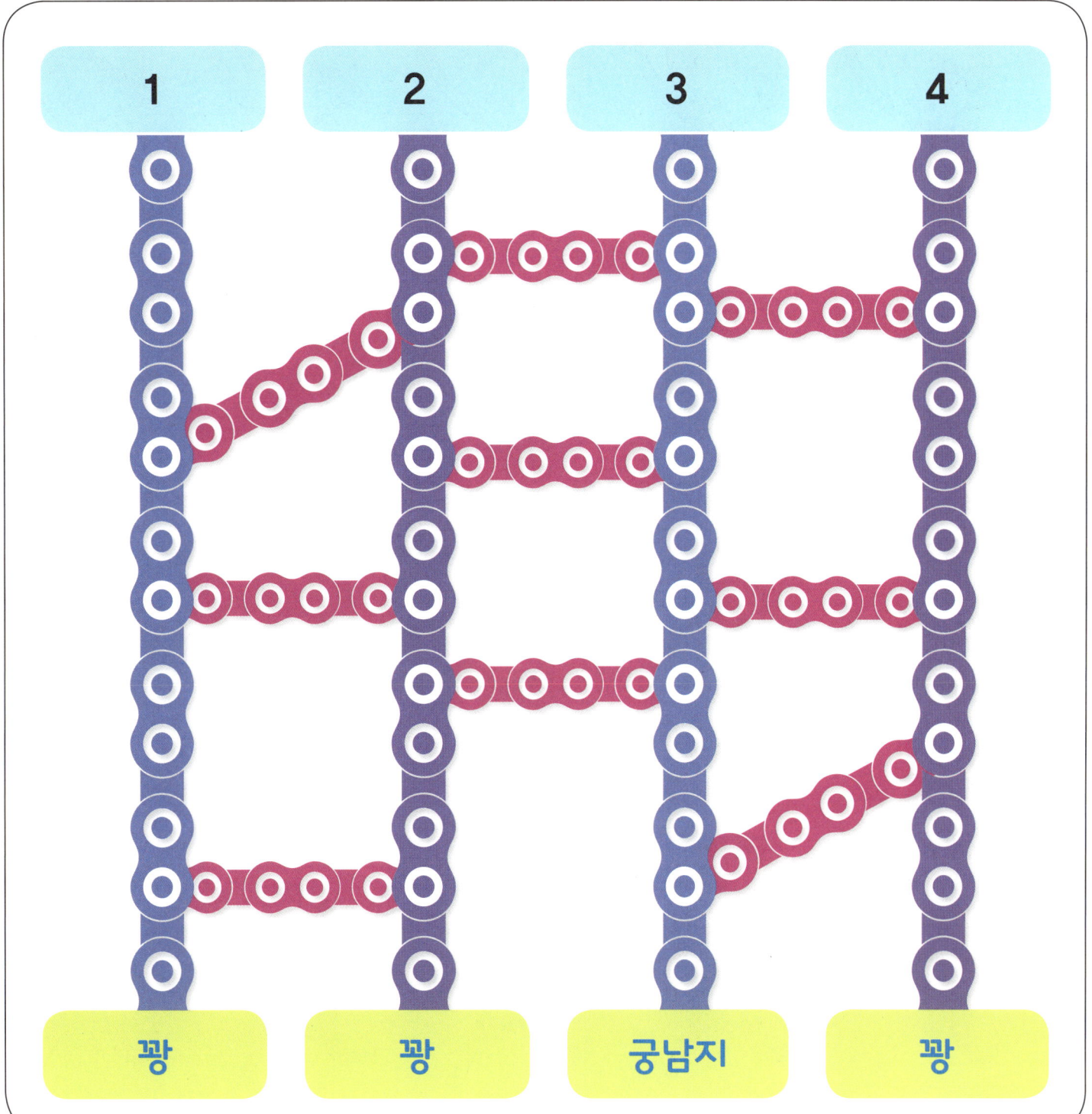

중요 역사 다지기 궁남지

우리나라 최초의 인공 연못이에요. 백제 무왕 35년(634년)에 연못을 파고 중앙에 섬을 만들어 '포룡정'이라는 정자를 세웠어요. 궁남지 주변에서 백제 토기와 기와 따위가 출토되었어요. 아름답게 꾸민 궁남지는 일본 정원 조경의 시초가 되었어요. 연꽃이 활짝 핀 7월이면 부여 궁남지에서 연꽃 축제가 열려요.

다른 그림 찾기! 개구쟁이 푸키를 찾아라

그림을 잘 보고 다른 그림 하나를 찾아 크게 ○를 해 보세요.

경주에서 신라를 만나다!
도시 전체가 박물관이라고?

 큰일이야! 경주는 도시 전체가 유적지잖아! 이 넓은 경주에서 어떻게 푸키를 찾지?

 흩어져서 찾자! 난 안압지랑 선덕 여왕릉을 맡을게.

 그럼, 난 김유신 장군묘랑 경주 국립 박물관! 해리야, 넌 어디로 갈래?

 난 천마총이랑 포석정지로 출발~!

숨은 그림 찾기

오홋, 다음 사진은 첨성대와 분황사야!

푸키, 첨성대와 분황사 모전석탑 중 어디에?

 우주야, 넌 분황사에 있는 탑으로 한번 가 봐!
내 기억이 좀 가물가물해.

 신라의 가장 오래된 석탑인 분황사 모전석탑?

 그렇지. 송이야, 너는 나랑 첨성대로 가자!
서두르자. 두 군데 중 한 곳에 있을 거야.

 오케이! 첨성대 주변이 넓으니까 같이 찾아보자!

숨은 그림 찾기

삼국 중 마지막으로 탄생한 나라는?

꼬불꼬불 미로를 탈출하여 백제 다음에 세워진 나라를 만나 보세요.

중요 역사 다지기 **신라 건국**

삼국 중 가장 마지막에 세워진 나라는 신라예요. 옛 이름은 서라벌, 수도는 경주예요. 불교문화가 발달했고, 왕족은 성골과 진골, 백성은 여섯 등급의 '두품'으로 나눈 신분 제도인 골품 제도가 있었어요. 또 만장 일치 제도인 화백 제도, 청소년 인재 양성을 위한 화랑 제도 등이 있었어요. 고려에 멸망했어요.

신라는 누가 세웠어요?

아래 그림을 잘 보고 신라를 세운 사람을 골라 크게 ○를 해 보세요.

중요 역사 다지기 신라의 시조

신라 지역은 여섯 부족의 우두머리가 회의를 해서 다스리고 있었어요. 어느 날 우물 옆 숲에 하늘에서 말이 내려와 무릎을 꿇고 앉아 있다 날아갔는데 그 자리에 알이 있었어요. 얼마 후 알에서 남자아이가 태어나 이름을 박혁거세라 하고 왕으로 삼았어요. 박혁거세는 여섯 부족을 통합하고 신라를 세웠어요.

첨성대가 뭐예요?

첨성대를 만든 선덕 여왕이에요. 서로 다른 곳을 8군데 찾아보세요.

중요 역사 다지기 — 첨성대

첨성대는 하늘의 움직임을 살펴보는 천문 관측대로 동양에서 가장 오래되었어요. 선덕 여왕 때 만들었고, 위는 네모지고 아래는 둥근 모양으로, 27단 360여 개의 돌로 이루어져 있어요. 꼭대기에 관측기구를 설치하고 춘분·추분·동지·하지 등 24절기의 변화를 별을 통하여 관측했어요.

가장 오래된 신라의 석탑은?

꼬불꼬불 미로를 탈출하여 가장 오래된 신라의 석탑을 알아보세요.

중요 역사 다지기 **분황사 모전석탑**

선덕 여왕 때 분황사를 지었는데, 절은 유실되고 모전석탑(돌을 벽돌 모양으로 깎아서 쌓아 올린 탑)과 불상들만 남아 있어요. 탑은 네모난 단 상 위에 돌을 벽돌 모양으로 깎아 쌓아 올렸는데, 1층에 비해 2층부터는 작아져요. 1층 기단 위 모퉁이마다 동물 조각상이 있어요. 9층 탑으로 추정하는데 지금은 3층만 남아 있어요.

다른 그림 찾기! 첨성대를 찾아라

첨성대 그림을 잘 보고 다른 그림 하나를 찾아 크게 ○를 해 보세요.

통일 신라 시대의 위대한 건축물
푸키, 불국사에서 스님이 됐다고?

 해리야, 저기 좀 봐. 불국사 방향으로 가는 애, 푸키 아니니? 저기, 저 아이 말이야!

 어, 어디? 아, 맞아. 푸키야!

 이런, 쟤 또 탑에 올라가는 거 아냐? 불국사 대웅전 앞뜰에 두 개의 탑이 있잖아!

 다보탑과 석가탑 말하는 거지? 오, 안 돼~!

석굴암에서 사진 찍지 마세요!

 앗, 내 사진기가 없어졌어! 조금 전까지도 가지고 있었는데……. 어디 갔지?

 잘 생각해 봐. 어디에 떨어뜨린 거 아냐?

 헉! 저기 봐, 푸키가 사진기를 들고 석굴암 쪽으로 가고 있어! 송이 사진기 같아!

 석굴암에서는 사진 촬영 금지야! 가서 말리자!

김대성이 지은 통일 신라 시대 절은?

미로를 탈출하여 통일 신라의 뛰어난 건축 기술을 알 수 있는 절을 만나 보세요.

중요 역사 다지기 불국사

통일 신라 시대 때 김대성이 현세의 부모를 위해 지었어요. 청운교와 백운교를 건너 자하문을 지나면 대웅전에 도착해요. 대웅전 뒤로 무설전, 비로전, 관음전 등이 있고, 옆으로는 연화교와 칠보교 다리를 건너 안양문을 지나면 극락전이 있어요. 뛰어난 건축 기술을 보여 주는 불국사는 세계 문화유산으로 지정되었어요.

불국사 대웅전 앞뜰에 있는 두 개의 석탑은?

미로를 탈출하여 불국사 대웅전 앞뜰에 있는 두 개의 석탑 이름을 알아보세요.

중요 역사 다지기 **다보탑과 석가탑**

다보탑과 석가탑은 불국사 대웅전 앞뜰에 나란히 서 있어요. 동쪽에 있는 것이 다보탑, 서쪽에 있는 것이 석가탑이에요. 다보탑은 높이가 10.29미터로, 뛰어난 균형미와 조형미로 신라 조각 예술의 극치를 보여 주지요. 석가탑은 깔끔한 3층 석탑으로, 각 부분의 비례가 아름다워 안정된 느낌을 주는 석탑이에요.

통일 신라 시대 김대성이 만든 석굴 사원은?

몇 번 사다리를 타야 통일 신라 시대의 석굴 사원을 만날 수 있을까요?

중요 역사 다지기 석굴암

경주시 토함산 동쪽에 있는 석굴 사원으로 통일 신라 시대 때 김대성이 전생의 부모를 위해 축조했어요. 돌을 석굴 모양으로 쌓아 올려 그 위에 흙을 덮었어요. 굴 가운데 흰 화강암에 조각한 본존불을 중심으로 그 둘레에 여러 불상이 있는데, 불교 예술의 극치를 보여 주지요. 세계 문화유산으로 지정되었어요.

석굴암 주실에 있는 돌 조각상의 이름은?

몇 번 사다리를 타야 석굴암 주실에 있는 조각상의 이름을 알 수 있을까요?

중요 역사 다지기 석굴암 본존불

석굴암 주실에 있는 본존불은 높이가 3.26미터의 돌 조각상으로, 동쪽 바다를 향해 앉아 있어요. 근엄한 표정으로 동해를 굽어 보는 본존불의 이마에 다이아몬드가 박혀 있는데, 새벽에 해가 뜰 때 햇빛이 이마를 비추어 신비로운 분위기를 내지요. 불교 예술의 극치를 보여 주는 뛰어난 조각상이에요.

다른 그림 찾기! 다보탑을 찾아라

그림을 잘 보고 다른 그림 하나를 찾아 크게 ○를 해 보세요.

다른 그림 찾기! 석가탑을 찾아라

그림을 잘 보고 다른 그림 하나를 찾아 크게 ○를 해 보세요.

고려 시대, 팔만대장경의 놀라운 비밀
팔만대장경을 찾아라!

 아이고, 이번에는 팔만대장경을 보호해야 해! 경판을 들고 나오기라도 하면 어떡해.

 경판이 있는 장경판전에는 못 들어가잖아!

 아니야, 푸키라면 어떻게든 대장경판을 꺼내려 할 거야. 걘 그러고도 남아.

 뭐라고? 정말 못 말리는 푸키야.

숨은 그림 찾기

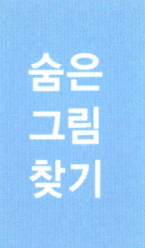       

다음 사진은……. 경복궁이야! 빨리 가자!

후삼국을 통일한 나라는?

꼬불꼬불 미로를 탈출하여 후삼국을 통일한 나라를 만나 보세요.

중요 역사 다지기 — 고려 건국

신라가 삼국을 통일한 후 한반도에는 후고구려, 후백제가 세워졌어요. 그리하여 통일 신라와 함께 후삼국 시대가 열렸지요. 그 후 후고구려의 왕건이 고려를 세우고, 후삼국을 통일했어요. 고려는 불교와 유학을 숭상하였고, 인쇄술, 의학, 한문학, 도자기 등이 발달했어요. 1392년 이성계에 의하여 망하였어요.

고려를 세운 사람은 누구?

꼬불꼬불 미로를 탈출하여 고려를 세운 사람을 만나 보세요.

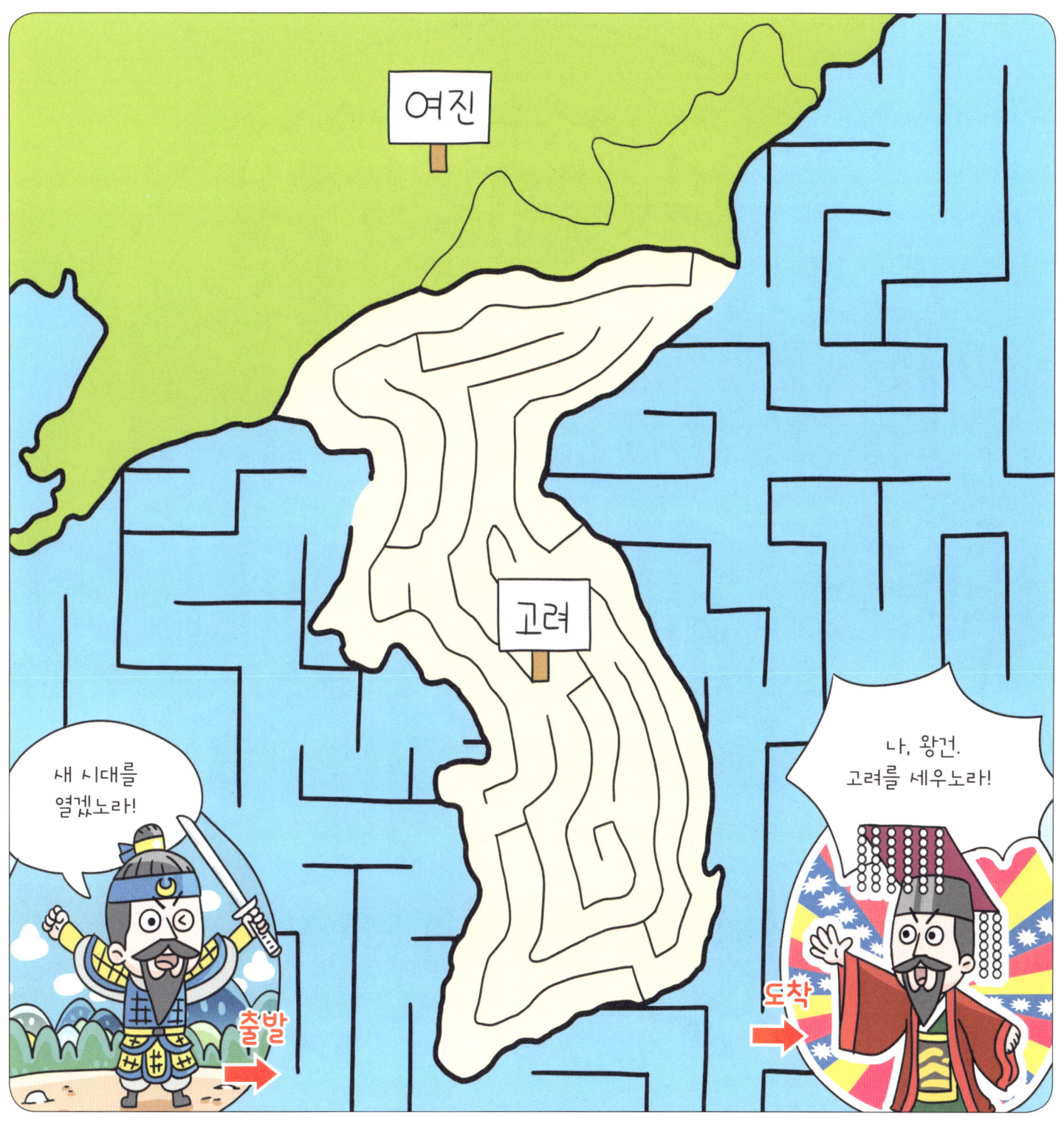

중요 역사 다지기 왕건

신라 말기에 송악(지금의 개성)에서 태어났어요. 궁예의 부하로 궁예가 후고구려를 세울 때 많은 공을 세웠어요. 하지만 궁예가 민심을 잃자 궁예를 몰아내고 왕이 되었어요(918년). 송악을 수도로 삼고, 고구려를 잇는다는 뜻에서 나라 이름을 '고려'라 하였어요. 혼인 정책과 불교 장려 정책으로 나라를 안정시켰어요.

부처의 힘으로 거란을 물리치고자 새긴 것은?

꼬불꼬불 미로를 탈출하여 정답을 만나 보세요.

중요 역사 다지기 팔만대장경

고려 시대에 거란족이 쳐들어오자 부처의 힘으로 거란족을 물리치고자 불교 경전을 목판에 한 자 한 자 새긴 거예요. 경판 수가 무려 8만 1,258판이나 되지요. '고려 대장경'이라고도 하는데, 한 명이 글씨를 쓰고 새긴 것같이 정교해요. 합천 해인사에 보관하고 있으며, 유네스코 세계 기록 유산으로 등재되었어요.

팔만대장경을 보관하고 있는 곳은?

꼬불꼬불 미로를 탈출하여 정답을 만나 보세요.

중요 역사 다지기 장경판전

고려 시대에 만들어진 팔만대장경을 보관하는 건물이에요. 해인사에 남아 있는 건물 중 가장 오래되었어요. 장경판전은 통풍을 위하여 각 칸마다 위아래의 크기가 서로 다른 창을 내었고, 흙바닥 속에 숯과 횟가루, 소금을 모래와 함께 차례로 넣어 알맞은 습도를 유지하도록 설계되었어요. 세계 문화유산이에요.

다른 그림 찾기! 대장경판을 든 송이

대장경판을 들고 있는 송이를 잘 보고 다른 그림 하나를 찾아 크게 ○를 해 보세요.

조선 시대 궁궐 속으로!
푸키, 경복궁에서 왕이 되다!

 넓은 경복궁에서 어떻게 푸키를 찾지?
아이고 머리야! 어디부터 가야 할까?

 저기 좀 봐! 근정전 앞뜰에 무슨 일이 있나 봐!

 전통 의식 재현 행사를 하는 것 같은데?
어, 저기 곤룡포 입은 사람, 푸키 아니야?

 앗, 근정전 용상에 앉으려나 봐! 막아~!

숨은 그림 찾기

경복궁과 가까운 종묘도 갈 거야! 종묘로 출발~!

푸키가 종묘 제례를 지낸다고?

 종묘 제례 재현 중이네. 푸키는 어딨지? 악사들 틈에서 연주를 방해하는 거 아닐까?

 찾았어. 푸키 저기 있어. 그런데 어디로 가는데?

 종묘 제례 재현 행사에 끼려고 하겠지. 뻔하지 뭐. 어휴, 개구쟁이!

 아니야! 정전의 두 번째 신실로 들어갔어!

숨은 그림 찾기

다음엔 세종 대왕 기념관에서 훈민정음을 한번 볼까?

고려가 멸망하고 탄생한 나라는?

고려 이후에 탄생한 나라 이름을 찾아 ○를 해 보세요.

중요 역사 다지기 　조선 건국

고려가 멸망하고 탄생한 나라는 조선(1392년)이에요. 조선은 불교를 배척하고 충·효·예를 중시하는 성리학을 통치 이념으로 삼았어요. 중앙 집권적인 양반 관료 체제의 조선은 1897년에 대한 제국으로 나라 이름을 고쳤고, 1910년 일본에 강제로 나라를 빼앗길 때까지 약 500년 동안 왕조를 유지했어요.

조선을 세운 사람과 도읍지 이름은?

조선을 세운 사람과 도읍지 이름을 찾아 ○를 해 보세요.

중요 역사 다지기 조선의 시조

고려 말기의 무신 이성계는 왜구를 물리쳐 공을 세웠어요. 명나라를 치러 가던 중 위화도(평안북도 의주군 위화면에 속하는 섬으로, 압록강 하류)에서 군사를 돌려 되돌아와 고려의 왕과 신하들을 몰아내고 왕이 되었어요. 나라 이름은 '고조선을 잇는다'는 뜻으로 조선이라 하고, 한양을 도읍지로 삼았어요.

조선을 대표하는 궁궐은?

꼬불꼬불 미로를 탈출하여 정답을 만나 보세요.

중요 역사 다지기 경복궁

태조 이성계가 지었어요. 내전, 외전, 동궁, 후원으로 이루어졌는데, 외전에 속하는 근정전이 가장 크고 웅장해요. 근정전 가장 높은 곳에 왕의 의자인 '용상'이 있고, 그 뒤로 '오봉일월도'가 그려진 병풍이 있어요. 누각인 경회루에서 연회를 베풀었어요. 임진왜란 때 불에 타 1867년에 흥선 대원군이 재건하였어요.

종묘에서 제사 지내는 것을 무엇이라고 할까?

꼬불꼬불 미로를 탈출하여 답을 알아보세요.

중요 역사 다지기 종묘와 종묘 제례

종묘는 조선의 역대 왕과 왕비, 그리고 죽은 뒤 왕으로 추존된 왕과 왕비의 신위를 모신 사당이에요. 긴 목조 건물인 정전이 중심 건물이에요. 종묘에서 제례악을 연주하며 제사를 지내는 '종묘 제례'는 조선 시대의 왕실 제사 가운데 규모가 가장 크고 중요한 제사였어요. 유네스코 무형 문화재로 등록되었어요.

다른 그림 찾기! 왕과 왕비 납시오

그림을 잘 보고 다른 그림 하나를 찾아 크게 ○를 해 보세요.

세종 대왕과 위대한 발명품들

푸키가 훈민정음을 읽어요!

 푸키는 세종 대왕과 한글에 관심이 많아! 세종 대왕 기념관은 꼭 갈 거야!

 그래? 그럼 어서 세종 대왕 기념관으로 가자!

 벌써 도착해서 무슨 일을 꾸미고 있을지도 몰라. 어휴, 정말 쉴 틈이 없다.

 얘들아, 힘내자. 문화재 지킴이 삼총사 출동!

숨은 그림 찾기

이번에는 세종 대왕 때 만든 물시계를 보러 갈까? 자격루가 있는 덕수궁으로 출발~!

물시계의 종소리를 들어요!

 으악! 어떡해. 세종 대왕 유물을 많이 찍어 놨는데! 어느 것을 보러 갔을까?

 뭐라고? 설마 다 찾아다녀야 해?

 아, 잠깐. '지금도 종이 울리는 물시계'라고 쓴 사진이 있어! 아마도 물시계를 보러 갈 거야.

 물시계? 물시계는 덕수궁에 있어. 얘들아, 출발!

숨은 그림 찾기

야, 푸키! 이제 그만! 너, 딱 걸렸어!

우리글 훈민정음을 창제하고 장영실에게 여러

중요 역사 다지기 **세종 대왕**

태종 이방원의 셋째 아들로, 조선의 제4대 왕이에요. 집현전을 두어 학문을 장려하고, 우리글인 훈민정음을 창제하였어요. 해시계, 물시계 등 과학 기구를 제작하게 하였고, 북방 지역에 6진을 개척하여 땅을 넓혔어요. 또한 왜구의 소굴인 쓰시마섬을 정벌하는 등 조선 왕조의 기틀을 튼튼히 한 성군이에요.

가지 과학 기구를 발명하게 한 사람은?

꼬불꼬불 미로를 탈출하여 답을 알아보세요.

중요 역사 다지기 **장영실과 발명품**

장영실은 조선 세종 대왕 때의 천재 과학자예요. 원래는 경상도 동래현의 관아에 속한 노비였는데, 농기구나 무기를 잘 고쳐 궁중 기술자로 뽑혔어요. 천문을 관측하는 혼천의, 금속 활자인 갑인자, 물시계인 자격루, 해시계인 앙부일구, 물의 높낮이를 나타내는 수표 등 많은 물건을 발명하였어요.

끝날 때까지 끝난 게 아니야

"휴우~."

집에 돌아온 해리는 크게 한숨을 쉬었어. 드디어 푸키를 찾아서 데려왔거든. 푸키는 덕수궁에 있는 자격루에 물을 부어 실험하려다 해리에게 저지당했어.

"푸키, 문화재는 소중한 거야. 장난치면 안 돼!"

해리가 단호하게 말하자, 푸키가 억울하다는 말투로 말했어.

"내가 뭘 어쨌다고!"

해리는 토라진 푸키의 마음을 풀어 주려고 사진첩 하나를 보여 주었어.

"푸키, 우리나라의 문화재는 아직도 엄청 많아. 자, 이것 봐!"

푸키의 눈이 동그래졌어.

"우아, 정말 대단하다!"

"네가 장난치지 않고 얌전히 있는다고 약속하면 구경시켜 줄게."

"정말?"

푸키는 엄청 좋아했어.

"해리, 나 목이 좀 말라. 물 좀 줄래?"

"어, 그래. 잠깐만."

해리는 얼른 일어나 물을 가지러 갔어.

그런데 이게 웬일이야? 물을 가지고 와 보니 푸키가 사라진 거야! 해리의 사진첩도 함께!

"아아악!"

해리는 털썩 주저앉았어. 해리 앞에는 푸키가 가져갔던 사진들만 나뒹굴었지.

그 속에서 쪽지 하나가 눈에 띄었어. 해리는 손을 뻗어 쪽지를 집어 들고 읽었어. 쪽지에는 이렇게 쓰여 있었어.

흥! 따라올 테면 따라와 봐!

정답

8 – 9쪽

10 – 11쪽

12쪽

13쪽

14 – 15쪽

16 – 17쪽

18 – 19쪽

20쪽
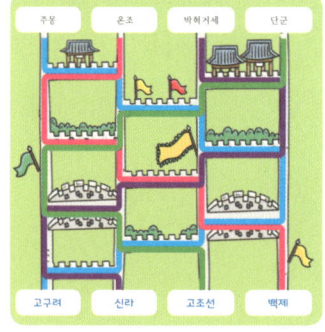

21쪽

22 – 23쪽

24 – 25쪽

26 – 27쪽

28쪽

29쪽

30 – 31쪽

33쪽

34 – 35쪽

36 – 37쪽

38쪽

39쪽

정답

40쪽

41쪽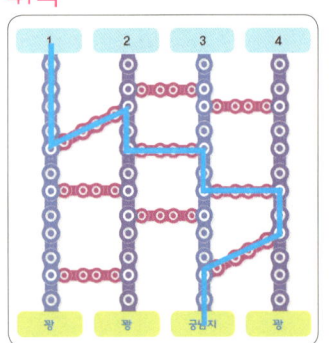

48쪽

49쪽

42 – 43쪽

50쪽

51쪽

44 – 45쪽

52 – 53쪽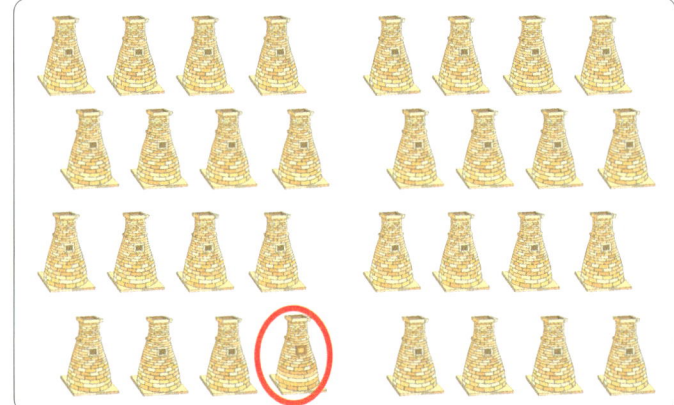

46 – 47쪽

54 – 55쪽

56 – 57쪽

64 – 65쪽

58쪽

59쪽

66쪽

67쪽

60쪽
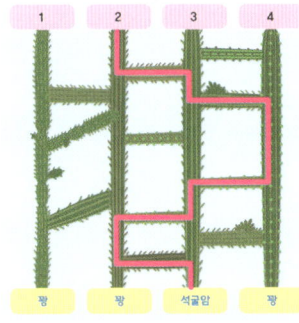

61쪽
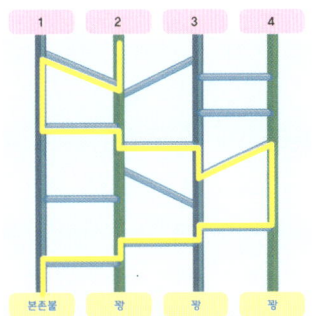

68쪽

69쪽

62쪽

63쪽
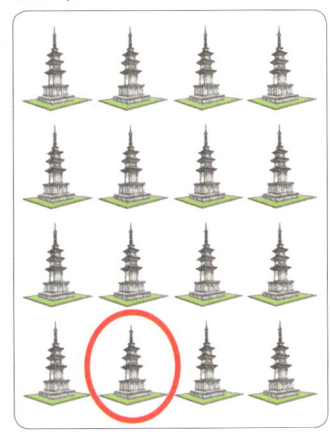

70 – 71쪽

정답

72 – 73쪽

74 – 75쪽

76쪽

77쪽

78쪽
79쪽

80 – 81쪽

82 – 83쪽

84 – 85쪽

86 – 87쪽